Good Luck

La buena suerte

當幸運來敲門

全新插圖・30萬冊暢銷典藏版

亞歷士・羅維拉 & 費南多・德里亞斯迪貝斯 著
范湲 譯　戴安 繪

他們都是主動創造幸運的人，
現在，他們要把幸運分享給你！

拿到書稿時，本來想著童話書本，以爲大概就是寓言故事，沒想到一看興奮異常，這是爲大家創造幸運的一本書。

原來，幸運需要自己創造，就如同這本書用簡單明瞭的故事來提醒你，「創造」才能帶來幸運。也因此，我堅信作者想利用這本書創造更多的故事，同時也帶給大家創造幸運的機會，而不是看完往書架一放，從此幸運束之高閣。

前些日子，一位從學校畢業的同學，寫了封信給我，說他受到排擠，本來很要好的同學，因爲某些細故，與他漸行漸遠。我看了信以後問他，有努力做一些改變嗎？有付出行動嗎？他回答，那沒用啦，想也知道！聽到這些話語，我告訴他，人與人相處，不能只是希望別人來迎合我，或者憑空掉下來就成爲我的好朋友。好朋友的定義是一種創造，你必須創造一種環境，也就是如同這本書中所提，陽光、泥土、空氣、水等這些基本元素。同樣的，你是否逐漸培養出：樂觀、同理心、能自我控制、熱情和具有解決問題能力的人格特質。有了這些基本元素，人和人相處就能夠創造共好，而不是自憐自艾，感覺天底下都沒人了解你。因爲「創造」能夠在幸運種子撒下時，讓你幸運地交到知心好朋友。同樣的，不管在家裡、學校和社會職場，我們要創造幸運的基礎，這過程或許漫長緩慢，但就把創造幸運當作是一種運動吧！未來，我們的共同問候語會是：你今天創造幸運了嗎！

——陳清圳（雲林縣立樟湖生態國民中小學校長）

幸運是可以準備的。我十分認同「創造幸運就是將適當的環境準備妥當」這樣的說法。

十年在緬甸北部的鄉間從事有機農業的經驗，改變了我的人生，也將我的人生第一次跟土地結合在一起，緬甸北方貧瘠的土地，變成了我最好的老師，土地教我農業不只是「靠天吃飯」，更重要的是「創造環境」。因爲每年播種的季節開始，無論前一年是豐收或欠收，都不再重要，只有盡心準備好適合作物生長的田地，讓土地裡充滿有機的養分，豐收才有可能降臨。

我身邊有一些朋友，時常會感嘆自己時運不濟，或錯過了什麼一去不回的好時機（比如說父母輩經濟起飛的年代），懊悔之餘，也羨慕我總是那麼好運氣。

「咦？你眞的覺得我運氣很好嗎？」我總是逮住機會問說這些話的朋友，「我這十五年來在泰國、緬甸工作，是個名副其實的臺勞，你要跟我交換嗎？」

沒料到我這麼說，每個原本覺得我是幸運兒的人，仔細想一想以後，都默默搖頭。

在還沒有這麼描述之前，許多人之所以覺得我很好運，其實並不是因爲我做什麼都心想事成，實際上，我在二十歲的時候，從來沒有想過自己四十歲時的人生，會在東南亞落地生根，並且在農村的大太陽下工作。同樣在NGO工作，我每個月的薪水，可能只有美國政府援助計畫案同事的十分之一不到。之所以讓人覺得我很幸運，其實跟客觀條件沒有什麼關係，而是因爲我總是很喜歡我正在做的事，生活永遠過得有滋有味。

因爲我珍惜每一個播種的機會，準備好幸運的種子可以蓬勃生長的田地，所以即使靠天吃飯，也能時有豐收。正因爲幸運像土地一樣，是可以準備的，一個認眞準備的人，就是一個能夠迎接幸運的人。

——褚士瑩（作家、國際NGO工作者）

跟隨這本書簡單雋永的寓言，你將找出那把幸運大門的鎖匙！

——劉軒（知名作家、哈佛心理學者）

幸運從不敲被動、沒有責任感、不願去付出和努力者的門，幸運的門也從不需要人去敲。只要你願意將臉永遠面對著陽光，主動、積極地爲自己的目標努力，堅持到底、永不放棄，而且是全力以赴的努力，幸運就會來敲你的門。

只要你願意開門，恩典和禮物一直都藏在你生命的旅途上。雖有紛亂的世局和景氣的低沉，不是仍一直持續有人成功嗎？但是，爲什麼成功的不是我們呢？我相信，成功的道路，正等著願意堅持和努力的你。

這本書在我年輕時激勵了我，我也推薦給渴望成功，期待享受生命恩典的你。每一天都讀它幾頁，信心、毅力、勇氣的生命之泉將與你同在，你將擁有尊貴的愛與智慧。

——盧蘇偉（世紀領袖文教基金會創辦人）

很多年以來，有一類的書或演講應該都會有人買，有人信。

例如，「快速ＸＸＸ祕訣」「如何輕鬆賺進人生的第一ＸＸＸ」「今生開悟」「立即成佛」「不用數學背景搞懂ＸＸＸ」。

人類天性，趨吉避凶，好逸惡勞，多數還會加了一點賭性，我知道這麼說勤勞的你，你心裡一定會感到不舒服，不過至少在你的生命中應該也曾經奢望過運氣吧！

很多人分不清佛教裡講的福德與功德差別在哪邊，高僧大德講一大堆大家還是「莫宰羊」。過去我也分不清楚「運氣」與「幸運」，差別在哪裡，這本書很有意思，它很明確地做了分別，那就是不屬於你的運氣早晚會用完，努力創造的幸運則會歷久不衰。

那麼你會說：「我就努力再努力，幸運一定會落在我頭上！」可不是這麼回事喔！禪宗裡有磨磚不能成鏡，打坐不能成佛的故事，也就是努力的方法不對，還是會一事無成的。

這本書的好處是召喚出魔法師梅爾林出來說法。這個有打到我的心裡，用童話故事的方式來說明，輕鬆又吸引人。在這個故事裡，我個人覺得最有啓發性的是，負責散發幸運草的神祇事實上是把幸運的種子普遍地撒在這個人間，而且到處都有，每個人都有份的，但是只有把土壤、灌溉用水，日照等等環境做好，種子才會發芽長大。

這是一本可以跟自己的孩子一起共讀的書，一起把努力創造幸運的方法討論個幾遍，這不也正是幫孩子創造幸福的好方法嗎？

——蘇文鈺（成功大學資訊工程系教授／中華民國愛自造者學習協會理事長）

前言

獻給我的孩子，萊雅與波兒，
以及所有喜歡閱讀故事書的孩子們。
也獻給和我們同年齡卻依然保持童心的人，
因爲在我們心中，
對生命充滿喜悅、熱情，以及目標，
這些正是「幸運」不可或缺的元素。

獻給我的父母，蓋布列爾以及卡門，
因爲他們的愛與信任，是我依循的表率。

獻給所有深愛子女的父母們，
因爲他們散播了幸運的種子。

獻給我的妻子，莫妮卡，
以及所有慷慨將生命奉獻給他人者，
因爲他們是美好的人生故事中最具生命力的演出者。

——亞歷士・羅維拉

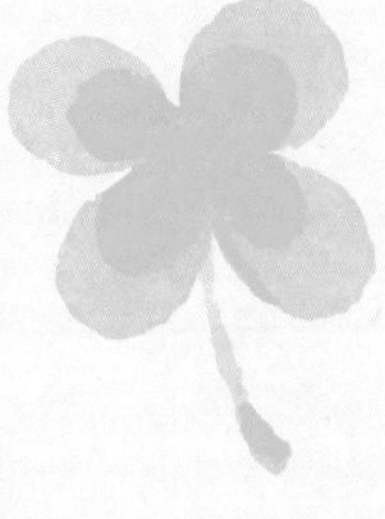

獻給吉耶摩·德里亞斯迪貝斯，我的父親，
並獻上我所有的愛與感謝，
是他教會我「幸運」的各項守則，
不靠任何寓言故事，
而是親身示範。

因此，我的父親正是我領悟幸運可以創造的關鍵。

是他教導我面對問題時，
必須滿懷信念與寬容，尤其心中要有愛。

——費南多·德里亞斯迪貝斯

c o n t e n t s

c o n t e n t s

第一章
巧遇

在一個春光明媚的午後，一派悠閒的維克多，照例走進了城裡最大的公園，並且在他最喜歡的那張長椅上坐了下來。他靜靜地坐在那兒，鬆開領帶，脫下鞋子，露出一雙光溜溜的腳丫子，恣意地將腳放在草坪上。維克多，現年六十四歲，事業平順，沒事的時候，就喜歡到這裡來坐坐。

不過，這個下午和往常有些不太一樣，因爲有一件意想不到的事情正要發生。

一位年約六十多歲、名叫大衛的男子，正朝著這張長椅迎面走來，並且有意要坐下來。他看起來一副垂頭喪氣的模樣，而且步履蹣跚，讓人一眼就看出他正處於人生的低潮，雖然他很努力地想要讓自己看起來稍微有尊嚴一點。事實上，這段時間大衛過得很不好，尤其是這些年來，他諸事不順，並且始終未見起色。

當大衛在維克多身旁坐下來的時候，兩人的眼神不經意交會了，並且有種似曾相識的感覺……那是好久以前的事了，一段近乎親人的深厚交情啊！

「你是維克多？」大衛小心翼翼地問道。

「大衛？」維克多反問，但心裡早已篤定，這個人就是那位多年不見的好友。

「太巧了！」大衛激動得快要落淚了。

「眞是不可思議啊！都過了這麼多年了，居然在這裡見到你。」維克多驚訝道。

語畢，兩人同時起身，緊緊擁抱著對方，朗朗笑聲不絕於耳。

原來，維克多和大衛是童年死黨，從兩歲到十歲這段期間，天天混在一起。當時，他們都住在中下階層人士聚居的社區，而且還是隔壁鄰居。

「你這雙絕無僅有的藍眼睛，我一眼就認出來啦！」維克多解釋道。

「可不是嗎？我一見到你的眼神，就知道是你準沒錯！你這清澈誠懇的眼神，都過了……五十四年哩，還是一點兒都沒變！」大衛答道。

兩人談起童年時生活的點點滴滴，許多早已遺忘的人事物再度浮現腦

海。言語之中，維克多看出好友隱約顯露出的淡淡哀愁，便問道：

「我的老朋友！這些年來過得好嗎？」

大衛聳聳肩，長長地嘆了口氣。

「我這一輩子啊，簡直是一場糊塗。」

「怎麼說？」

「你還記不記得在我們十歲那年，我們家突然搬離了原來住的那個社區，並且從此音訊全無？其實，那是因爲我父親有個遠房堂叔，膝下沒有子嗣，所以死後便把一大筆遺產都留給我父親。當時，我們家之所以會一聲不吭偷偷搬走，全因爲我的父母親不希望別人知道我們家繼承了一大筆遺產，所以就急急忙忙地搬了家、換了車，鄰居、朋友全都換了新的一批人。而你跟我，從此就這麼失去聯絡了……」

「難怪呀！」維克多驚呼，「我們大夥兒都在問，還以爲發生什麼事情了呢……話說回來，你們家眞的繼承了那麼多遺產啊？」

「是啊，而且其中最主要的一筆資產，還是一家營運狀況相當好、獲利很可觀的紡織公司呢！我父親接手經營之後，營業額甚至更上層樓。但是，自從他過世之後，公司由我接管，可惜啊！我時運不濟，老天爺偏偏要跟我唱反調……」大衛解釋道。

「發生什麼事啦？」

「公司交到我手上以後，我一直遵循過去的經營模式，多年來沒做過什麼大改變，營運大致上也還不錯。可是我萬萬沒想到，一夕之間，競爭對手從各處竄了出來，市場行情整個往下滑。當時，我自認我們的產品品質最好，便信心滿滿地以爲客戶絕對不會去理會其他公司的那些劣質品。但是，我估計錯誤！因爲客戶們根本就不懂布料好壞，他們如果眞懂得欣賞布料的話，就會知道我的產品有多麼好。於是，許多新品牌的產品，紛紛出現在市場上……」

大衛嘆了口氣。回憶這些不光采的過往，實在不是什麼愉快的事。維克多始終不發一語，因為他也不知道該說什麼才好。

「我賠了不少錢，但至少把公司保住了。我盡可能地緊縮支出，可是，預算掐得越緊，銷售額就掉得越厲害。我曾經一度想要創立新品牌，可是我不敢這麼做，因為市場上都是舶來品牌的天下啊！當時，我已經瀕臨破產邊緣了。我甚至想過要設立自家品牌的連鎖店，或許這是能讓我鹹魚翻身的最後一個籌碼。這件事，我考慮了好久，遲遲下不了決心，等到我決定要投入時，店租的行情早就已經漲到我負擔不起的地步了，營業額怎麼樣也追不上支出金額。於是，我的支票開始跳票，我必須變賣資產才能還債，工廠、房地產，以及其他所有的財產，就這樣沒了……我曾經擁有一切，並且要什麼有什麼，但是這一切，居然就這樣在我手上敗光了……我只能說自己運氣眞背，幸運從來不曾眷顧過我啊！」

「那你後來怎麼辦呢？」維克多問道。

「我還能怎麼辦呢？已經無路可退了呀！以前那些在我面前阿諛奉承的

人，這時候一個個都不理我了。我找過很多工作，不是做不慣，就是跟老闆合不來，還曾經一度淪落到三餐不繼的地步……這十五年來，我好不容易才熬了過去，全靠偶爾幫人作帳賺點小費，青黃不接的時候，甚至還得靠好心的左鄰右舍接濟。唉，我始終都逃不過厄運的糾纏啊！」

大衛無意再說下去，話鋒一轉，問了問身旁的昔日老友：

「說說你自己吧？這些年來過得怎麼樣？運氣還好吧？」

維克多綻開笑顏。

「你還記得嗎？我的父母一窮二白，當年，你們家還住在那個社區的時候，家境就已經夠不好了，但是，我們家更慘！由於我的父母親都是貧寒家庭出身，工作十分不穩定，常常天都黑了，晚飯還沒著落。你媽知道我們生活困窘，有時候還會送一些吃的過來。而且我爸媽也沒能力讓我上學，所以我只好在社會大學裡努力學習。十歲那年，也就是你們家莫名其妙地搬走之後不久，我就開始打工了……

我的第一份工作是洗車，接著又做過在飯店門口幫人拿行李的小弟，不久之後，我便升職了，變成五星級飯店的門房。二十一歲的時候，我開始領悟到一個道理：只要努力打拚，我也可以擁有好運！」

「所以，你做了什麼了？」大衛順勢問道，語帶懷疑，卻又滿心好奇。

「當時，我聽說有個生產皮包的小工廠快要倒閉了，於是我用盡了所有的積蓄，跟銀行借了一筆錢，將它買了下來。由於我在豪華飯店和餐廳工作的那段時間，看過各式各樣的皮包，所以我很了解有錢人喜歡什麼樣的皮包，而我，只要照著這些款式去做準沒錯！

「創業初期，從生產到銷售，我都一手包辦了。我不眠不休地趕工，沒有週末假日。第一年的營運相當順利，所以我便將所有的盈餘都拿去開發更多新款式，並且跑遍全國各地，看看別人都生產些什麼樣的皮包，因爲我必須比別人更了解皮包才行！在逛過許多販賣皮件的門市之後，我眞的收穫良多，甚至只要見到有人拿皮包，我就會去問他，喜歡自己身上那個皮包的哪一點，有沒有哪些部分是他不滿意的……」

憶起當年的創業往事，維克多神采更顯昂揚了。他繼續說道：

「結果，銷售業績一直在成長。整整十年之間，我把賺來的錢都拿去再投資。只要是我覺得大有可爲的事業，我一定找機會勇敢投入。我們最暢銷的皮包樣式，設計一定年年翻新，絕對不會有一模一樣的產品。工廠若有問題，我絕對不會拖到隔天才解決。周遭發生的任何大小事，責任一概由我來承擔。就這樣，我陸陸續續收購了一家又一家的工廠，生意越做越大，建立起龐大的商業版圖。事實上，整個過程並不容易，但是成果卻已經遠超過我當初創業時所能想像的程度了……」

此時，大衛突然打斷了他的話，有意無意地下了這麼個結論：

「你不覺得是你運氣特別好嗎？」

「你怎麼會這麼想？你當眞以爲我只是運氣好嗎？」維克多滿臉訝異地驚呼道。

「我無意冒犯，也沒有低估你的意思。」大衛輕聲解釋，「只是，這實在讓人難以置信，你只靠單打獨鬥就能成功拿下大片江山。有人天生好運，幸運總是站在他那邊，好運頻頻對你微笑，卻對我不理不睬。事情就這麼回事啊，我的老友。」

維克多霎時陷入沉思。過了半晌，他應聲道：

「我說啊，雖然，我沒從上一輩那兒繼承大筆遺產，但是我祖父卻留給我另一樣更好的資產……你知道『運氣』和『幸運』的差別在哪裡嗎？」

「不曉得。」大衛沒好氣地答腔。

「想當年我祖父還跟我們住在一起的時候，他跟我說過一個小故事，並且讓我從中了解到『運氣』和『幸運』的差別。直到如今，我依然覺得這個小故事改變了我的一生！無論我陷入了恐懼、遲疑、猶豫和困惑，或是心懷喜悅、幸福及感恩的時候，這個小故事都一直陪伴著我，度過了每一段時光。多虧這個小故事，我才能下定決心砸下努力了六年、辛苦存下的所有積蓄，買下那家小工廠。就連後來幾度碰到重要抉擇，這個小故事也扮演了非常關鍵的角色。」

就在維克多滔滔不絕的同時，大衛卻縮著肩膀，低頭盯著地上看。

「或許六十四歲已經過了聽故事的年紀了，但是我想只要是對人生有助益的道理，無論何時聽來都不嫌遲。俗語說得好：留得青山在，不怕沒柴燒。只要你願意，我可以把那個小故事說給你聽。」

大衛依舊沉默不語，維克多見狀，只好繼續說道：

「那個小故事曾經幫助過不少人喔！不只是生意人，各行各業胸懷大志的專業人士都曾獲益良多。人們藉此學會並接受了『運氣』和『幸運』的差別之後，在職場上往往能有優異的表現。有些人甚至因此而找到真愛呢！其他諸如運動選手、藝術家、科學家和研究員等，也都是受惠者。我已經親眼見證了許多成功的例子，所以才會不厭其煩地告訴你這些。畢竟活到六十四歲這把年紀，這個傳奇小故事在許多人身上發生的神奇作用，我真的見多了！」

大衛挺直了身子，或許是好奇心使然，這下總算開口說話了。

「好吧！那你告訴我：『運氣』和『幸運』的差別在哪裡？」

維克多答話前，思索了好一會兒。

「當你們家繼承大筆遺產的時候，眞的是走運了！可是，運氣並不會照著人的意思走，也不可能持續太久。所以，你充其量只是空有運氣而已，這也就是爲什麼你現在會一無所有的原因。可是你看我，我這一生都致力於創造命運。運氣這玩意兒，絕不屬於你。幸運，卻能完全由你掌控。這是眞的！我甚至還懷疑，前者根本就不存在。」

這樣的說法，大衛無法認同。

「你的意思是說，運氣其實是不存在的？」

「這麼說吧！運氣確實是存在的，只是，你若以爲它會憑空而降的話，那你就大錯特錯了！即使哪天運氣眞的上門了，不過是稍縱即逝罷了，不可能持續太久的。你知道嗎？近九成的樂透中獎者，不出十年光景，就會花光所有獎金，並且再度回到沒有中獎前的狀態。反觀『幸運』，無論何時何地，你自己就能爲自己帶來好運，所以我們才稱之爲『幸運』嘛！因爲有幸才得以擁有好運，眞正的好運啊！」

「爲什麼說是眞正的好運？難道運氣還有差別嗎？」大衛追根究柢問道。看來，他已經被老友的話語深深吸引住了。

「你想聽聽那個小故事嗎？」

大衛遲疑了一下。不管怎麼樣，聽聽也無妨吧！即使找不回當年的風光，也沒什麼損失呀！再說，都已經活到六十四歲了，還能聽見童年好友說故事，眞是好福氣啊！況且，已經好久好久沒有人像孩提時代那樣說故事給他聽了。

「好吧！那就說來聽聽吧！」他總算答應了。

幸運守則第1條

運氣不會持續太久，
因爲它並不屬於你。
幸運由個人所創造，
因此能歷久而不衰。

First Rule of Good Luck

Luck doesn't last long,
because it does not depend on you.
Good Luck is created by each of us:
that's why it lasts forever.

第二章

神奇的幸運草

1 梅爾林向武士下戰帖

很久很久以前，在一個遙遠的國度裡，有一位叫做梅爾林的巫師，將境內所有的武士聚集在皇宮的花園裡，宣布道：

「長久以來，你們之中有不少人曾來要求我下戰帖。有些人建議我舉行一場全國武士的比武大會，有些人則提議辦個長矛及劍術大賽。不過，我現在要給你們一個與眾不同的挑戰。」

武士們一聽，興致全都來了。梅爾林繼續說道：

「據我所知，七天之內，國境內將會長出神奇的幸運草。」

話還沒說完，武士們一陣騷動，大夥兒紛紛交頭接耳，鼓譟不安。其中，有些人老早就聽說過幸運草的事情了，但是也有人從來都沒聽過。因此，梅爾林要大家維持秩序。

「安靜！安靜！你們讓我解釋一下什麼是神奇的幸運草：它不但是世上絕無僅有的四葉幸運草，同時更能夠爲找到它的人帶來一種魔力，一種擁有無窮無盡幸運的魔力。所謂無窮無盡，即爲不受時間和空間的限制，能夠讓你在戰爭、工作、愛情、財富等方面，無往不利！」

武士們興奮地說個不停，大家都想找到這株神奇的四葉幸運草。還有人忍不住站了起來，口中發出勝利的吶喊，祈求上帝讓他早日找到這株草。

梅爾林再次要求大家安靜下來，他說道：

「你們安靜一下！我的話還沒說完哪。神奇的四葉幸運草就長在歡樂叢林裡，從這裡翻越十二座山，過了忘憂谷就到了。雖然我不確定幸運草會從哪個角落冒出來，但是我知道它就長在叢林裡。」

剛才的熱烈氣氛，突然冷卻了下來。台下先是鴉雀無聲，接著，沮喪的嘆息聲在皇宮花園裡此起彼落。因爲歡樂叢林的幅員實在是太遼闊了，它的面積和整個王國簡直是不相上下。況且，那成千上萬公頃的土地，放眼望去，盡是茂密蓊鬱的樹林。在如此寬闊的大片土地上，怎麼去找那一小株四葉幸運草呀？在麥秸堆裡找細針，都比這個要容易一千倍！最起碼，那還是個有可能達成的目標嘛！

面對這麼艱難的任務，衆人紛紛離席，嘴裡抱怨個不停，經過梅爾林身邊時，還不忘狠狠地瞪了他一眼。

「下次有比較合理的挑戰再通知我吧！」有人這樣對他說。

「早知道是這種鬼差事，我就不必大費周章地趕過來了！」另一位武士附和道。

「這算哪門子的挑戰啊！倒不如送我們去沙漠裡找藍色小沙子，搞不好那還比較容易呢！」有人語帶嘲諷地說。

衆人你一言我一語，直到所有人都離開了花園爲止，好不容易終於安靜了下來。不過，卻有兩個人和梅爾林一起留在那兒。

「怎麼？」巫師問道，「看來你們兩個是決定要去囉？」

其中一位身穿黑色披風、名叫諾特的武士回答道：

「這或許有點困難，畢竟歡樂叢林實在是太廣闊了！不過，我知道該找誰打聽，相信我一定能夠找到你所說的幸運草。神奇的四葉幸運草，它一定非我莫屬了！」

另外一個身穿白色披風的武士，名叫席德，他始終默默站在一旁，直到梅爾林一臉狐疑地盯著他看，他這才吭聲：

「假如你說得沒錯，那株能夠讓人擁有無窮無盡好運的神奇四葉幸運草，即將在樹林裡長出來，那就表示一定有這樣的事情。我想，你不是那種信口開河的人，我願意相信你，前往叢林尋找。」

於是，諾特騎上他的黑馬，席德駕馭著他的白駒。兩位武士立刻啓程，朝歡樂叢林的方向出發。

幸運守則第2條

眾人皆期盼能擁有幸運，
但下定決心努力追求的人
卻寥寥可數。

Second Rule of Good Luck

Many are those
who want Good Luck,
but a few are those
willing to pursue it.

2 土地神，大地王子

從王國到歡樂叢林，路途遙遠，這一趟整整花去他們兩天的時間。這麼一來，尋找神奇幸運草的時間，就只剩下五天了。光陰寶貴，分秒必爭。話雖然這麼說，兩位武士還是決定，那天晚上先好好休息，隔天再開始找吧！

這一路走來，兩個人分道揚鑣，途中即使偶爾停下來讓馬匹喝水，也不曾碰過面。因此，兩人都不知道對方身在叢林何處。

歡樂叢林是個非常陰暗的地方。白晝暗如黑夜，那一大片龐雜濃密的樹林，連一絲陽光都穿不透。到了漆黑的晚上，夜涼如冰，周遭一片死寂。其實，歡樂叢林裡的居民們老早就知道，樹林裡來了兩個不速之客。

隔天早上，諾特起了個大早，決心要開始尋找幸運草了。他暗想著：

「神奇幸運草是從地上長出來的，既然這樣，究竟誰是最了解歡樂叢林每一寸土地的人呢？簡單嘛，當然是大地王子，也就是土地神囉！因爲土地神就住在叢林的地底下，而且還建造了無數條地下暗道，分布在歡樂叢林的每一個角落，所以他一定有辦法告訴我神奇的四葉幸運草在哪裡！」

於是，騎著黑馬、身穿黑色披風的諾特，一路上不管遇見什麼奇怪的生物，便二話不說，統統攔下來探聽土地神的下落，沒想到，最後竟讓自己給遇上了！

「找我有事嗎？」土地神問他，「聽說你一整天都在找我啊？」

「是啊！」諾特說道，同時從他的駿馬上跳了下來。「我知道這叢林裡，五天之內會長出神奇的四葉幸運草。這種幸運草，只有在這片土地才長得出來，而你，大地王子，一定知道它會長在哪裡吧！因為你能夠在地表下穿梭，所以你應該非常了解這片叢林的每一寸土地。樹林裡的所有植物、灌木和大樹的根部生長情形，還有誰會比你更清楚呢？如果神奇的四葉幸運草五天內會長出來的話，我想，你應該已經看到它的根部了吧！告訴我，它在哪裡？」

「嗯……嗯……」土地神欲言又止。

「你跟我一樣，心裡清楚得很，」諾特繼續說道，「神奇幸運草雖然能夠提供無窮無盡的好運，但是只有武士能夠受惠，對你、對歡樂叢林裡的任何居民來說，一點價值都沒有！不妨就告訴我吧……」

土地神這下回話了：

「我當然知道神奇的四葉幸運草魔力無窮，我也很清楚只有武士擁有它才會產生效用。可是，我還沒在這樹林裡看過它的根呢！告訴你吧！在我們歡樂叢林裡，從來沒長過半株幸運草。這裡不可能會長出幸運草這種植物的。不管這是誰告訴你的，他一定是在騙你的啦！」

「騙我的人是你吧？你該不會已經見過那位身穿白披風、騎著白馬的席德武士，並且已經向他透露神奇幸運草的生長之處……」諾特語帶挑釁地問道。

「我不知道你在胡說八道些什麼！我才不認識什麼席德武士哩！眞搞不懂，究竟是誰灌輸你這些愚蠢的想法。這座樹林裡，從來沒長出過幸運草，別說是四葉的了，連普通那種三葉的都沒見過！道理很簡單：樹林裡沒有幸運草，因爲長—不—出—來！這樣你死心了吧？我在這裡已經住了超過一百五十年了，這還是頭一回碰到有人問我這麼蠢的問題。哼，再見！」

既然問不出個所以然，諾特武士只好放他一馬。

「這種沒水準的人，反正也不是第一次碰到了……」他心想。於是，他騎上黑馬，掉頭走了，決定等到隔天再做打算。但是話說回來，也許土地神是對的，說不定梅爾林搞錯地點或日期了呢！

諾特騎著黑馬奔馳而去，離土地神越來越遠了。此時，他的心情和所有被人告知自己不可能走運的人一樣，恐懼油然而生。若想解決這種恐懼感，最簡單的方法就是不相信它！「事情不可能會這樣的，就這麼簡單。」諾特心裡確實這樣覺得。因此，他打定主意，絕不理會土地神剛剛對他說過的那些話。

「明天又是嶄新的一天，也許幸運會在另一角落等著我呢！」他心裡這麼想著。

至於席德這個身穿白披風的武士，第三天早上，竟然興起和諾特一模一樣的想法。他也知道，如果想打探神奇幸運草生長的地方，土地神絕對是不二人選。因此，他花了一整天的時間，努力尋找土地神居住的洞穴，一路上所遇見的歡樂叢林居民們，都成了他詢問的對象。後來，就在黑武士諾特帶著滿腹牢騷，離開那個無底洞洞口後沒幾分鐘，他總算碰上了土地神。

「請問你是歡樂叢林的土地神，眾人口中的大地王子嗎？」說著，便從白馬上跳了下來。

「是啊！正是在下我。天啊！又來了個笨蛋！你說，你想幹什麼？」

「是這樣的，據我所知，在這個樹林裡，五天內會長出神奇的四葉幸運草，所以我想……」席德話還沒說完，只見土地神脹紅的一張臉，像個大紅椒似的，胸口鼓脹，一肚子火，眼看他那胖呼呼的臉，就要爆炸了……

「我說，這該死的神奇幸運草今天究竟是怎麼了？」他怒火中燒，氣得大聲咆哮：「我已經跟另外那個武士說過啦：這—個—樹—林—裡，從—來—沒—見—過—幸—運—草！理由很簡單，就是長不出來嘛！這件事，不管是誰告訴你們的，總之，他是大錯特錯啦！他如果不是故意捉弄你們，大概就是酒喝多了，胡言亂語一通。你們還是回城堡去吧！有空還不如去看看有沒有陷入險境之中的美女需要解救，反正啊，別在這兒浪費時間啦！」

席德武士這下總算把事情搞清楚了：根據梅爾林的說法，樹林裡即將長出神奇幸運草，但土地神卻駁斥道，在這樣的環境下，根本就不可能會長出幸運草。或許，他們都說了真話，只是，可能兩人認定的事實完全不同吧！既然這樣，再繼續找神奇幸運草，說不定真的只是浪費時間罷了。倘若真如土地神說的，樹林裡這種環境長不出幸運草，那就該弄清楚，能夠長出幸運草的環境，到底需要哪些生長的條件呢？因此，席德決定要問問他，同時也忙著安撫他：

「等一下，你剛剛說，歡樂叢林裡……從來沒長過幸運草嗎？」

「沒錯！從來沒見過！」土地神不耐煩地應道，並且正打算鑽回他的地洞裡……

「喂，你別走啊！拜託你先別急著走嘛！你能不能告訴我原因呢？我想知道，爲什麼這個樹林從來沒有幸運草長出來過？」

土地神轉過身來，解釋說：

「土壤問題。純粹是因爲土壤不對。這一大片地方，從來沒有人來翻過土。幸運草需要有鬆軟、潮濕的土壤才能生長，可是樹林裡的土壤又乾又硬，從來沒翻動過，在這種地方，怎麼長得出幸運草啊？」

「土地神，大地的王子，照你這麼說，如果這片樹林還有一絲希望能長出幸運草的話……至少土壤應該要翻新，甚至換過囉？」席德問道。

「那當然啦！你難道不知道，沒有新做法，何來新氣象？這土壤要是不換掉，再怎麼努力都是徒勞無功，長不出半株幸運草的啦！」

「那麼，你知道哪裡可以找到肥沃的土壤嗎？」

這時候，土地神大半截身子已經縮回地洞裡，正想伸手把木門關上。席德突然這麼一問，他只好耐著性子回答問題：

「有個叫做牛家莊的地方，就離這裡不遠，那裡的土壤既新鮮又肥沃，因爲所有初生牛犢的糞便全都往那裡堆。眞的是上等的好土壤啊！」

席德武士熱情地向土地神頻頻道謝。他興奮地騎上白馬，毫不遲疑地直奔牛家莊。他知道，希望雖然很渺茫，但至少他已經掌握了些許籌碼。

傍晚時分，他終於來到了牛家莊。土地神提過的肥沃土壤，得來全不費功夫。的確是新鮮、濕潤的好土壤，可想而知，一定也是很肥沃的。可惜，他那匹馬上只有這麼幾個鞍囊，能裝的土壤有限，但對於一小塊土地來說，倒也足夠了。

接下來，席德武士帶著裝滿新土的鞍囊，直奔樹林裡一處偏僻幽靜的角落。他選中一塊自認適合的土地，披荊斬棘，除去雜草，並且不停地翻土，鏟除那千古以來從未被翻動過的舊土。這一小塊土地，終於鋪上了一層新土壤。

鋪好新土之後，他放心地睡覺去了。這一小塊土地，不過幾寸見方而已。這裡會是神奇幸運草冒出新芽的地方嗎？他的想法如果實際一點，想必會覺得自己不可能會有這麼好的運氣吧！在一望無垠的大片樹林裡挑了這一小塊寸土，成功的機率比百萬分之一還要渺茫呢！然而，有件事倒是很確定的：至少，他已經在這個一成不變的樹林裡，做了點不一樣的事情。假如這裡真的從來沒長出幸運草，所有的人都沒見過這種神奇的植物，那是因為大家始終都是同樣的做法，別人怎麼做，他們也跟著這樣做。身為一個優秀的武士，席德知道，與眾不同的做法是獲得非凡成就的第一步。

即使有了這樣的認知，他也很清楚，在他剛鋪上肥沃新土的這一小塊寸土，長出神奇四葉幸運草的機率仍是微乎其微。可是，至少他已經知道，這裡為什麼長不出幸運草。到了明天，他還會知道更多事情的。關於這一點，他倒是信心滿滿。

席德躺了下來，頭枕在土地上，兩眼注視著他新闢的這塊寸土。心想，土地神說的果然都是真的。再轉念一想，梅爾林說的也有他的道理。兩人說的都對，但顯然是相互矛盾的事實。如果照他這樣的做法：在舊土地上鋪上肥沃新土，兩人說法所產生的矛盾，隨即就不成立啦！

「過去沒長過幸運草，並不意味著將來就一定不會冒出來，畢竟，現在的土質已經跟往常不一樣了啊！」他這樣暗想著。

他想像著幸運草從新土冒出嫩芽的景象，想著想著就睡著了。這個美好的夢，讓他忘記了神奇幸運草在他挑中的這個角落長出來的機率，其實是非常渺茫的。

旭日升起。距離期限只剩下四天了。

幸運守則第3條

如果你時運不濟，
或許是因爲環境一成不變的緣故。

若想要幸運臨門，
最有效的辦法便是創造新環境。

Third Rule of Good Luck

If you have no Good Luck now,
it might be because you're
under the usual conditions.

To have Good Luck,
You must create
new conditions.

3 湖泊仙女

第四天清晨，天氣比往常更冷了。紅雀、知更鳥、烏鴉與夜鶯競相爭鳴，吵雜聲逼得連蟋蟀都爬出來了。

諾特隨手摘了一些漿果充飢，然後騎上他那匹黑馬。摘下的漿果，才吃了幾個就沒什麼胃口，因爲土地神那段話，著實讓他耿耿於懷。那句話，說得再明白不過了：這片樹林裡，長不出幸運草。不但如此，整片歡樂叢林，從來沒見過幸運草的蹤影。土地神這段話，講得夠清楚了。

但是，說不定土地神是故意騙他的呢！他知道，不能就這樣輕易相信土地神所謂的事實。這個想法，雖然無法指引他新的方向，但至少讓他安心不少。於是，他決定利用這一天的時間，尋找另一個能夠揭穿土地神謊言的人。這麼一來，幸運的籌碼又在他手上了。

在叢林中馳騁了超過五個鐘頭之後，諾特武士瞥見遠處茂密的樹林間，依稀可見一片大湖。他覺得口渴，而且，黑馬也該喝水了，因此，他決定往湖邊前進。

湖上風光，美不勝收。湖面上，滿是黃色和白色睡蓮。他舀了點湖水飲用，然後就在湖邊坐了下來，看著他那匹黑馬啪啦啪啦地狂飲湖水。霎時，他身後突然有人說道：

「你是誰？」問話的是個女人，嗓音甜美，但語調沉穩；話語輕柔，但語氣堅定；聲調迷人，但語帶挑釁。她，就是湖泊仙女。

仙女從湖面上緩緩升起，看得諾特武士目瞪口呆：好一個水漾的女子，驚人的美貌，無懈可擊。

諾特以前就聽說過她。這時，他突然想到，或許可以從湖泊仙女那兒打聽到一些重要的訊息。

「我是黑武士諾特。」

「你和你那匹黑馬在我湖上做什麼？現在，你們倆水都喝夠了吧！還想怎麼樣？你們這樣會把我的睡蓮吵醒，這會兒該是它們睡覺的時候耶！我的睡蓮都是白天睡覺，晚上唱歌。你們如果把它們吵醒，今天晚上，它們就不會唱歌了。它們的歌聲，能在夜裡讓湖水蒸發。如果睡蓮不唱歌，湖水就不會蒸發；如果湖水不蒸發掉一些，就會滿溢成災，水災一旦發生了，這一大片花木叢林都會淹死啊！快住嘴，別說了，快走吧！別把我的睡蓮吵醒……」

「等等，等一下。」諾特語氣激動地打斷了她的話，「妳不必連祖宗八代的事都告訴我。妳那些問題，我可沒興趣。我馬上就會走，我只想問妳一件事：湖泊仙女，整個歡樂叢林所需的水分都是由妳提供的，每一寸土地都是妳灌溉的。既然這樣，妳告訴我，這片叢林裡，哪裡可以長出幸運草？」

語畢，仙女噗嗤一笑。接著，又發出一聲聲極盡嘲弄的大笑，毫不掩飾，笑聲尖銳而深沉。總算笑夠了，她立刻換了個表情，一臉嚴肅地重申：

「這片樹林是長不出幸運草的！你難道沒看見，我從這裡分配出去的水分，全都是藉由滲透的方式嗎？我這湖泊四周，沒有任何大河或小溪相連，水分都是從湖底直接滲透到歡樂叢林的每一個角落。你這一路難道有看過什麼水塘之類的嗎？幸運草是需要很多水分才能生長的，它們起碼要長在小溪流旁，源源不斷地汲取水分才行。在這片樹林裡，你永遠也找不到幸運草的。」

湖泊仙女一說完，馬上又潛入湖中。一樣又是令人目眩的奇景，形塑仙女的水波，宛如成千上萬的雨滴般，嘩啦啦地落在湖面上。

眼前這副教人驚豔的奇景，諾特早已無心欣賞。說來說去都是同一套，他實在聽膩了。他很認眞地想了又想，忍不住自問：這到底是怎麼回事？他開始相信，或許，幸運永遠都不會眷顧他了。這個想法讓他越來越惶恐，比前一天和土地神聊過之後更嚴重。

「我應該找個說法和這個完全相反的人才對。我一定要找個人告訴我：幸運就在這裡，歡樂叢林裡也可以長出神奇幸運草的。」他在內心裡這樣告訴自己。

於是，他開始憎恨起幸運這個玩意兒。眞是個討厭的東西。人人都想要它，它卻是全世界最難得手的東西。這個體會，簡直叫他受不了。等待幸運降臨這件事，實在讓他好沮喪，然而，除此之外，他還能做什麼呢？因爲……他也別無選擇啊！

就這樣，諾特武士騎上他的黑馬，在歡樂叢林裡漫無目的地閒晃，心中卻始終懷抱著一絲絲的希望，說不定眞的能幸運地找到神奇的四葉幸運草。

這一天，席德武士起得比前一天晚了點。因爲昨天辛苦翻土直到天黑，所以他決定要多睡一會兒。

他摘了幾顆蘋果當早餐，順便也餵了幾個給他那匹白馬吃。這時，他心裡盤算著，今天要做什麼呢？

「我已經有土地了，」他告訴自己，「現在，我得弄清楚應該需要多少水分。當然啦，我找到適合土地的可能性微乎其微，這我也知道。可是，萬一正好就是我選中的這一小片土地……那麼，我還是要想辦法找到它所需的水分才行。」

事不宜遲。除了席德之外，歡樂叢林裡的居民沒有人不知道水的事情都歸湖泊仙女管。但是，他卻費了好一番功夫才找到她。他四處詢問，跟好幾個囉哩巴嗦的動物周旋了半天，總算才找到路。

正好就在諾特武士離開後幾分鐘，席德武士來到湖邊。他輕輕地走近湖岸。雖然他已經極力不弄出任何聲響，但還是不小心踩到一個核桃殼，發出喀啦一聲。湖泊仙女聞聲，馬上冒出水面。她的牢騷，跟碰到諾特時所說的沒啥兩樣：

「你和你那匹白馬在我湖上做什麼？現在，你們倆水都喝夠了吧！還想怎麼樣？你們這樣會把我的睡蓮吵醒，這會兒該是它們睡覺的時候耶！我的睡蓮都是白天睡覺，晚上唱歌。你們如果把它們吵醒，今天晚上，它們就不會唱歌了。它們的歌聲，能在夜裡讓湖水蒸發。如果睡蓮不唱歌，湖水就不會蒸發；如果湖水不蒸發掉一些，就會滿溢成災，水災一旦發生了，這一大片花木叢林都會淹死啊！快住嘴，別說了，快走吧！別把我的睡蓮吵醒……」

席德一陣茫然，一時之間不知道該說什麼才好。不只是因爲剛剛見識到罕見的奇景，同時也驚訝於湖泊仙女所抱怨的難題。席德那一小塊地急需灌溉用水，但如果他整天拿著長柄杓到湖裡舀水的話，一定會把睡蓮都吵醒的。

想想，事情還眞棘手。整個歡樂叢林，除了這裡，找不到別的水源了。總之，他還有什麼辦法可想呢？席德是個感受敏銳的人，湖泊仙女話語裡透露出來的淒美、哀傷和渴望，讓他忍不住想要幫她解決問題。

「夫人，請告訴我，爲什麼湖水流不出去呢？所有的湖泊都有出口的呀！不是小溪，就是河流……」

「我……我……」湖泊仙女語帶哽咽，第一次卸下情緒的武裝。她一時悲從中來。「因爲我的湖，」她說道，「是個水流沒有出口的湖。湖泊四周，完全沒有河流相連。落在我湖面上的，除了水之外，還是水。水源源不斷，只進不出，卻沒有任何一條河流起源於我的湖泊。因此，我必須時時刻刻操心，一定要讓睡蓮白天好睡，晚上才能盡情歌唱。大白天要關照它們睡覺，到了晚上，它們全部一起唱歌的時候，我又被吵得睡不著。我簡直就成了這一片湖水的奴隸了。拜託你行行好，趕快走吧！別把我的睡蓮吵醒了。」

席德這才意識到，湖泊仙女總是嫌多的湖水，正好就是他現在最缺乏的：灌溉水源。

「我可以幫妳。」席德向她提議。「但是，妳能不能先告訴我一件事：種植幸運草，需要多少水量才夠？」

湖泊仙女答道：

「幸運草需要大量的水。而且，它們需要的是小溪裡潺潺流動的清澈水流。適合幸運草生長的土地，必須時時保持潮濕才行。」

「喔，這樣啊，所以……我可以幫妳的忙，妳也可以幫我解決問題

啊！」

「噓……噓……別大呼小叫的，這樣會吵醒我的睡蓮啊！告訴我，你有什麼好方法？」

「只要妳不反對的話，我打算在妳的湖邊開一條溝渠，這樣就成了一條從妳這裡分出去的支流，如此一來，妳的湖水就不會滿溢成災。我會靜靜地工作，不會吵到大家的。計畫很簡單，就只是開一條水溝，讓水從湖裡流出去，如此而已。以後，妳再也不需要爲睡蓮煩心了，從此之後，保證夜夜好眠。」

湖泊仙女一副若有所思的模樣。過了半晌，她點頭答應了：

「好吧！可是千萬別弄出太多噪音啊！」說完，湖泊仙女一溜煙就消失了，讓席德看得都傻眼了。

席德一刻也沒耽擱，馬上想到了一個好辦法：乾脆把寶劍掛在白馬後面當犁用。他騎著馬，一路奔回他那一小塊地。一趟路途下來，寶劍沿路也犁出了一條水溝，湖水汨汨流出，馬上就解決了湖水水位太高的問題。湖水一直流，流入那塊肥沃的新土。席德眞的辦到了：他完成了開挖溪流、引水灌溉的任務，在歡樂叢林裡，這還是頭一遭呢！

席德在自己親手開墾的這塊土地旁，席地而睡。回想起過去幾天發生的種種，他記起前輩常對他說的那句話：只要你付出，上天一定會回饋你。他人的難題，常常就是你的救星。只要你願意出力幫助別人，往往你就是收穫最多的人。

這一天的情況不就是這樣嗎：正當他想要放棄灌溉水源時，卻因為他深入地了解湖泊仙女的難題，讓他體會到兩人所需要的解決方法，其實是同一個，眞是不可思議！這正是「一舉兩得」的好辦法呀！

奇怪的是，席德發現自己越來越不在乎這塊地究竟能不能長出神奇幸運草。為了一塊「可能」長不出幸運草的不毛之地奔波勞頓，或許，他也會覺得自己有點愚蠢吧！然而，他完全不這麼想。他堅信自己就是要做他該做的事，也正因爲這樣的信念，他根本無所謂是否「幸運地」選對了適合的土地。爲什麼會這樣？他也說不上來。翻土、施肥，然後灌溉，也許這在他眼裡本來就是天經地義的事吧！反正，就是要做他該做的事。

當然，他也知道，努力翻土、灌溉的這塊土地，很有可能根本就不是神奇的四葉幸運草會長出來的地方。但是，在這個過程中，他至少已經弄清楚這片樹林長不出幸運草的「兩個原因」了。到了明天，他還會知道更多的。關於這一點，他胸有成竹。

席德以地爲枕，準備要入睡了。他滿懷希望地看著這塊以清澈溪流灌溉的沃土。這時，他又想像起神奇幸運草發芽、繁殖的景象。這個晚上，他腦海裡的幸運草形象，比前一天晚上更清晰、更眞實了。他越想越覺得幸福。

四周只有夜色相伴。只剩下三個晚上了。

幸運守則第4條

準備適合幸運降臨的環境，
不能只顧一己的私利。

創造環境，與他人共享共贏，
才能帶來幸運。

Forth Rule of Good Luck

Finding new conditions for Good Luck
does not mean looking
for our own benefit only.

Creating conditions,
helping others,
makes Good Luck more likely to appear.

4 詩果雅，叢林天后

隔天早上，黑武士起床時，心情十分沮喪。他如果真要把土地神和湖泊仙女的話當回事，那麼，按照一般人的說法，他簡直就是在浪費時間嘛！他的堅持，會不會終究只是一場空？諾特武士興起不如歸去的念頭。只是，好不容易長途跋涉到歡樂叢林，既然人都來了，他決定還是留到第七天吧！說不定最後還是會遇見一個能告訴他哪裡可以找到神奇的四葉幸運草的貴人呢！

諾特成天無所事事。但是，在這種時候，他可以找誰聊呢？他騎著馬在樹林裡閒逛，不知道該去哪裡才好。一路上各種怪異的生物都碰過了，就是不見任何幸運草的影子。他騎馬閒逛時，沿途不斷地盯著地面，試圖想從地上找出一點蛛絲馬跡。

後來，他突然驚覺，還沒跟詩果雅聊過呢！她可是歡樂叢林的第一個居民，一定會知道些什麼。

於是，他騎馬來到叢林中央。據說，詩果雅是第一棵在歡樂叢林生根的樹木，因此，她所在之處就是叢林中心。諾特從黑馬上跳了下來，朝詩果雅走去。他知道，這片樹林裡的所有生物，包括許多無生物也一樣，大家都會說話。因此，他走向詩果雅，對她說道：

「叢林天后詩果雅，妳會說話嗎？」

沒有回應。諾特武士不放棄。

「叢林天后詩果雅，我在跟妳說話呀！拜託妳回個話吧！妳不知道我是誰嗎？我是諾特武士。」

詩果雅聽了，開始挪動她那驚人的龐大樹幹，答道：

「我知道你是誰。難道你不曉得，這片樹林裡的每一棵樹我都認識？你知不知道，藉由枝葉交纏，這片樹林的每一棵樹，肢體上都有所接觸。在這種情形下，流言蜚語很快就傳開來了。你有什麼問題就快問吧！問完就滾蛋。我累死了，活了超過千歲的年紀，連說話都讓我疲憊不堪。」

「我盡量簡短敘述。」諾特說道，「據我所知，在三天內，歡樂叢林裡可能會長出神奇的四葉幸運草，那是能帶來無限好運的幸運草。可是，土地神和湖泊仙女卻先後告訴我，在歡樂叢林裡，從來沒長過幸運草。妳是這片叢林的元老居民，應該無所不知，因爲所有的樹木都跟妳聊過。我的問題很簡單：這片樹林眞的從來沒長過幸運草嗎？」

爲了回答這個問題，詩果雅左思右想了好一會兒。千年記憶全部回顧一次，樹幹上一千條年輪，每一條都找過了。光是這樣，就耗掉了不少時間。時間一分一秒地過去，諾特武士變得不耐煩了：

「拜託，妳回話呀！快點，快點哪！」他不悅地發起牢騷來了。

「我還在想嘛！我得把過去都回憶一遍啊！你啊，眞沒耐性，跟大部分的人類沒兩樣。你應該學學樹木，我們都是很有耐心的。」

幾分鐘過去了，諾特武士很不耐煩，打算掉頭就走，因爲他覺得詩果雅根本就是不想回答他的問題。偏偏就在諾特武士正要跨上馬鞍時，她卻開口說話了。她就像個圖書館員似的，把館藏的一千本書的書目都查閱過了，終於找到了她要的書。詩果雅總算給了個很篤定的答案：

「沒錯。在歡樂叢林裡，從來沒長出任何幸運草，更別提什麼神奇的四葉幸運草了。在我活著的一千年裡，從來沒見過。」

諾特武士覺得好難過。或許，梅爾林眞的搞錯了吧！更糟的是，他的腦海閃過一個念頭：說不定是他故意騙人。

這時，諾特的情緒已經沮喪到了極點。這已經是叢林裡第三個居民告訴他：不可能會有幸運草。這樣的說法，一直在他腦海裡打轉，導致他無法更深入思考問題。任何一個人，就像諾特一樣，倘若一心一意只想「知道」叢林裡有沒有幸運草，就無法往別的方向思考了。他還是沒有體會到：他必須視情況「付出」一點努力的。就這樣，極端消沉的諾特，自覺是個受害者，他覺得自己受騙上當、被利用了。他怎麼看都覺得自己不可能會成功了。

當席德武士早上醒來時，他覺得自己比前一天更滿足了。他滿心歡喜地看著自己努力的成果：肥沃的土地與豐沛的水源。假如這就是神奇幸運草可能會長出來的地方，那麼，他還必須知道幸運草需要多長的日晒和陰涼。

席德是個武士，並非園藝專家，因此，他得找個專精於樹木、植物的智者才行。可是，該找誰呢？他馬上就想到了：

「那還用說，當然是詩果雅囉！她可是這片叢林裡最有智慧的樹木呢！她一定知道幸運草需要多長的日晒時間。」

席德騎馬來到歡樂叢林的正中央。下馬後，他慢慢走向大樹，動作和諾特不久前如出一轍。

「敬愛的叢林天后詩果雅，妳能不能說幾句話？」

沒有回應。席德武士不氣餒，繼續說道：

「無上崇高的叢林天后詩果雅，此刻如果妳不是太疲倦的話，我想請教妳一個問題。當然，假如現在不方便，我可以待會兒再來。」

其實，詩果雅本來已經打定主意，再也不回應那些咄咄逼人、缺乏耐心的武士所提出的任何問題了！但是看看席德，又覺得這個武士耐心有禮，毫無傲慢的習氣。他的言語和善，態度謙虛，甚至跪在地上，向她叩首行禮。

於是，詩果雅決定改變主意，給予特別待遇。正當席德打算要離開時，詩果雅叫住了他。

「沒錯，我是很累了。不過，說吧！你有什麼問題？」

「謝謝妳好心回答我，叢林天后。我的問題很簡單：如果我有一塊才剛翻土的地，又有充足的灌溉水源，需要多少日晒，幸運草才會長得好？」

「嗯……」詩果雅陷入沉思。但是這次她回答得很快，因爲，這個答案，她再清楚不過了。「幸運草需要等量的日晒和陰涼。但是，你在這裡找不到這樣的地方。因爲這片樹林裡，到處都很陰暗，你應該也注意到了。正因爲如此，所以長不出幸運草。這就是我的答案。後會有期！」

可是，席德武士可不是這麼輕易放棄的人。

「等等，請等一下，拜託妳，我再問一個問題就好。因爲妳是叢林天后，請問，能否允許我修剪妳部分子民的樹枝？」

詩果雅答道：

「你不需要我的允許，儘管修剪乾枯的樹枝、樹葉就是了。這個樹林裡，從來沒有人花時間修剪過樹梢的枝葉。因此，樹林裡一點日光都沒有。唉，這裡的居民，個個都太懶散了，明明是該做的事，卻老是想拖到明天再做。你只要願意花一點點時間，隨便任何一棵樹下都可以是日晒和陰涼很平均的好地方。你只要剪掉乾枯的樹枝和樹葉就行了。你不需要徵求我同意。任何一棵樹都會讓你很滿意的。」

「剪掉老幹，移除無用的枯枝，可以促進樹木以及周遭植物的生長。」詩果雅補充道，語氣熱誠且和善。

「謝謝，感激不盡，殿下！」席德畢恭畢敬地答道。

他站了起來，面對著偉大的詩果雅，慢慢地退到白馬旁邊。

白衣武士隨即飛奔到他那塊已經翻土、灌溉的土地。只是，這時天色已晚，不如明天再修剪樹枝吧！畢竟，該做的他都做了：翻土、灌溉，現在又弄清楚了正確的日晒時間。

他現在就可以休息了，剩下最後一天正好修剪樹枝。可是，他馬上又想起詩果雅剛剛才說過的話：該做的事，切勿拖延到明天。席德也記起他最受用的忠告之一：付諸行動，絕不遲疑。的確，除了修剪樹枝，明天他已經沒別的事可做了。但是，他如果這時候就把樹枝修剪了，他就多了一整天可以自由運用，萬一有別的事要做，多了這麼一天可是很好用的。於是，他把握短暫的暮色，趕緊去修剪樹枝。

他謹守自己的原則，對於自己應該完成的事，他決定「付諸行動，絕不遲疑」。

於是，他爬上那塊地周圍的樹木，全神貫注地清理樹梢乾枯的枝葉。

這些大樹，起碼都有好幾呎高，每一棵他都得爬上樹梢，還好，他的鞍囊裡備有繩索，這時剛好派上用場。他使出平常舞劍的力道，傾全力砍掉了所有乾枯的樹枝和樹葉，樹幹和綠葉則完好如初。只見他大半個晚上，都在忙著修剪枯掉的枝葉，對他而言，此時此刻在此地，彷彿修整樹梢才是他唯

一在乎的事。大功告成，結果讓他滿意極了。

他覺得好快樂。奇怪的是，他好像根本就不擔心自己挑中的這塊土地，到底是不是即將長出神奇的四葉幸運草的地方。事到如今，他已經知道幸運草種子落地生根所需的各項條件了，而且，他都已經做到了。明天他還有什麼該做的呢？**或許，有些事情表面上看來無關緊要，但實際上卻是不可或缺的關鍵呢！**

對於自己所做的一切，他完全樂在其中，每一件事都讓他覺得好有趣，而且都是滿懷熱情、全心投入去做。此時，他的感覺只有一個：管他最後結果會如何，無所謂啦！

這一天晚上，席德又開始幻想起他的神奇幸運草的模樣了。這一次，幸運草俏麗地挺在他親手開墾的沃土上。他想像著陽光穿過周遭巨木叢林，斜灑在那塊濕潤的土地上，幸運草那四片葉子，每一片心型的葉子，都是毫不扭捏地盡情開展！

他也說不上來爲什麼，總之，他知道越多神奇幸運草生長所需的條件，他越是不在意自己是不是選對了地方。

夜深了。就只剩下兩個晚上了。

幸運守則第5條

若將「準備工作」留到明天，
則幸運永遠不會到來。

創造環境所跨出的第一步——
就在今天！

Fifth Rule of Good Luck

If you postpone
the creation of new conditions,
Good Luck never arrives.

Creating new conditions
is sometimes hard work, but...
do it today!

5 史東，石頭娘娘

第六天，諾特無所事事，整天愁眉苦臉地在歡樂叢林裡遊蕩。說實在的，他覺得自己根本就不可能找到任何幸運草了！可是，他也不想就這樣一個人回城堡去。既然要成爲衆人的笑柄，他寧可和席德一起出這個洋相。

況且，他始終無法接受自己的錯誤和失敗，總認爲別人應該負起這個責任。「我是梅爾林一時錯誤，甚至是刻意欺騙下的犧牲者。」他心中這樣告訴自己。

這天是諾特到了歡樂叢林之後，有史以來最無聊的一天。雖然獵捕了一些罕見的動物，也看到了許多特殊的植物，除此之外，乏善可陳。

最糟糕的是，有個想法一直困擾著他：他相信，自己這輩子再也不可能會有什麼好運氣了。否則，他早該找到神奇幸運草才對。事實擺在眼前，分明就是梅爾林騙了他！

但是，既然自覺被梅爾林騙了，那又爲什麼不回城堡去？爲什麼到頭來還在等待？

等待，是因爲想推諉責任給梅爾林，也因爲他對「運氣」仍存有希望。但是另一方面，他等待的時間越長，害怕幸運終究不會降臨的恐懼就越強烈。事情究竟是哪裡不對？他爲什麼會這麼倒楣呢？「反正期限還沒到。我還是有資格、有福氣碰到『幸運』，因爲我是個與衆不同的人！可是，都已經在這裡晃了這麼多天了，卻絲毫沒有任何跡象顯示哪裡可以找到幸運草。」諾特自言自語說道。

黑衣武士就這樣無所事事地晃過了一天。因爲實在是想不出該做什麼，所以他決定乾脆去找石頭娘娘史東聊聊天好了。其實他不過是想找個人再次確認：歡樂叢林不會長出神奇幸運草，他也不會是個走運的人。

諾特會這麼做，一點也不奇怪，因爲這是所有自認運氣不佳的人共通的特質。他們就是想要找人附和自己對人生的悲觀看法。誰都不想要當個無謂的犧牲者，但是表面上看來，他們顯然都想把招致不幸的責任推得一乾二淨。

史東住在「山之巓」。這座山因爲布滿亂石的關係，所以山路相當險峻，上去一趟，辛苦得很。站在山巓，可以眺望整座歡樂叢林。諾特心裡盤算著，他想知道席德在哪裡，想找他聊聊，問他想不想一起回皇宮去。

此時，他遇到了石頭娘娘史東，她正在跟其他的巨石聊天呢！突然，史東轉向他：

「唉喲！瞧瞧，這不就是在歡樂叢林出沒的兩位武士的其中一個嘛！這四天以來，叢林裡唯一的話題就是這個了。怎麼樣？找到神奇幸運草了嗎？」她說完還故意迸出嘲諷的竊笑。

「妳也知道，當然是沒有。」諾特沒好氣地說道，顯然是被惹惱了。

「喂，史東，妳告訴我，這座叢林裡真的沒長過神奇的四葉幸運草嗎？還是，在這巨石林立的山谷間或其他地方可以找到？我想不太可能，對不對？」

石頭娘娘聽了他的話，不禁捧腹大笑。

「當然不可能！在這到處都是石頭的地方，怎麼可能長出幸運草？我看你在歡樂叢林鬼混了這麼久，八成是神經錯亂了吧！你要小心啊，在這裡待久了，最後一定會瘋掉的，所有漫無目標在叢林遊蕩的人類，幾乎都是這樣的下場。不可能的啦，這裡不會有什麼幸運草的。神奇的四葉幸運草不可能從布滿石子的土地上長出來的。」

諾特慢慢從「山之巔」下來，一路上耳邊傳來的都是石頭娘娘的嘲笑聲。

這下真的沒什麼事情可做了。他擔心的事，顯然確定要成真了。「我不會有什麼好運氣了！」他心想。接著，他想起席德，不安好心地暗自竊喜，「這個瘋子，即使在這座叢林裡混得再久，也找不到半棵神奇幸運草的。」想到席德的挫敗，他心裡覺得好過多了，甚至還挺高興的呢！「如果我找不到幸運草，那麼，他也找不到的。」他忿忿地大聲叫喊著，並且對此感到深信不疑。

然後，他就騎著黑馬找地方睡覺去了。

至於席德，一早起來便開始驗收他前一晚努力工作的好成果。眼前這幅景象，簡直是美極了：霧漸漸散去，金色陽光破天荒地照在這座叢林的土地上。他終於確定這一小塊沃土接收的陽光和陰影確實相同，好滿足呀！他眞的頗以自己爲榮，心裡好幸福！他改造了這塊土地，修剪了枝葉讓陽光灑進來，並且灌溉了土地……

因爲今天已經是最後一天了，所以他決定要善用時間。既然該做的都已經做了，那麼，不如花點心思，好好地思考一下是否還有哪些遺漏的地方。事情正如他所說的，水杯已經半滿了。現在，他得知道該怎麼樣去把它塡滿，假如這一小塊土地就是梅爾林口中那塊即將長出神奇幸運草的地方的話。所以，打從前一晚起，他便努力地思索那些表面上看起來無關緊要，實際上卻是不可或缺的關鍵因素。

土地、水、陽光……什麼都有了，到底還可能會缺什麼呢？

於是，他把第六天的時間都用來詢問叢林裡的各種生物，如果光影和水分都充足了，那麼，土地還需要什麼條件才能長出神奇的四葉幸運草？

都已經過了中午了，他還是想不出來到底有誰可以問。他需要登高展望一番，看看會不會有什麼靈感。因此，他爬上歡樂叢林的最高點，或許可以在那裡看出什麼端倪。「站在遠處，登高眺望，看向天際，常常可以讓人產生意想不到的好點子。」他心想。

所有的武士都知道，叢林的最高點就是「山之巔」了，但那是一座海拔相當高的山峰啊，再加上距離梅爾林規定的期限只剩下半天了，究竟有必要花這麼長的時間上山嗎？即使眞的讓他想出該做的事，恐怕也不會有時間去完成了吧！

即便是如此，他還是決定上山。爲什麼？很簡單，他想到自己已經付出了努力，完成了這麼多任務，還是應該戰戰兢兢，努力到最後一刻才對。

席德開始走上山路。往上爬的時候，他隱約感受到一陣微風從平地樹林吹了上來。終於，他登上了山頭，坐下來，俯瞰天際，尋思解答。可是，腦袋空空。

突然，有個聲音冒了出來，而且還是從他踩在腳下的石頭冒出來的！原來是石頭娘娘史東。

「你快把我踩碎啦！」

席德猛地起身，差點就掉進山谷裡去了。

「啊，石頭會說話呀？這不就是我要找的嘛！」

「我可不是什麼會說話的石頭，我是史東，人稱石頭娘娘。」她刻意強調，顯然是不太高興。「想必你就是那另一個正在找……找什麼……哈哈哈……找神奇幸運草的武士吧！」

「妳真的是石頭娘娘？所以……妳一定沒看過什麼幸運草，對吧？」

「沒錯，和幸運草相關的事，我的確懂得不多，但是，有一點我倒是很確定。」她答道。「我已經跟另外那個武士說過了，就是穿黑色披風那個，我告訴他：凡是有石頭的地方，就長不出四葉幸運草。」

「妳是說，『四葉』幸運草？」席德重複了一遍。

「是的，四片葉子的那種。」

「那如果是三片葉子的呢？」席德再問。

「三片葉子的那種倒是可以從布滿石子的地上長出來，不過，四片葉子的萌芽力道比較薄弱，所以它需要的是完全找不到石子的土地，否則它發芽的過程就會遭受阻礙。」

這段關於三葉與四葉幸運草所需條件的短短論述，對許多人來說可能是陳腔濫調，但是席德完全不這麼想。他知道，許多關鍵因素往往是從小細節裡發現的。正如之前提過的，他終於找到了那個所謂「表面上看起來無關緊要，實際上卻是不可或缺的關鍵因素」了！

「沒錯！我以前怎麼沒想到呢？真是感激不盡，太謝謝妳了！時間不多了，我得走了！」

席德加緊腳步下山。一路狂奔回自己那塊地，心想：「地上滿滿的石子，都還沒撿掉呢！」

抵達時，距離天黑只剩下兩個小時了。席德將地上的石子一顆顆撿掉。他那塊地，石子特別多。萬一這就是神奇幸運草即將長出來的地方，那麼，它極有可能因此而冒不出新芽啊！

席德這時體會到，重視自己已經努力的部分，也就是他所謂「已經倒進水杯的水」，才是最重要的事，只有這樣，才能專注地找出缺失。這個思考方式，一向是幫助他進步的良方。席德也發現，小細節裡常常可以找出關鍵因素。雖然表面上看起來萬事俱備，什麼都不缺了，但是只要有心，還是找得出需要改善之處，這是邁向成功的要訣之一。這就是席德的體驗。還好，他沒有決定隔天才修整枯枝！否則，他將不會有時間撿石子了……

又到了睡覺時間，席德依照慣例躺在自己親手打造的小天地裡。這天晚上，他一如往常地想像著神奇幸運草迷人的模樣，亭亭玉立在他開墾、灌溉、撿過石子的土地中央，並且開始幻想自己用手去觸摸它的感覺。他可以感受到它掠過他皮膚時的輕柔觸感，那鮮綠的美麗葉子盡情綻放著，甚至還覺得自己已經聞到神奇幸運草散發的清香了。他第一次覺得如此踏實，而且深信這裡將會是幸運草的萌芽之處。席德盡情地想像著幸運草的種種，一時之間覺得心情好快活，隨之而來的還有內心寧靜的喜悅與安詳。總之，隔天就會知道結果了。這一點，他是很確定的。

夜幕低垂。只剩下一個晚上了。再過一個晚上，歡樂叢林就要長出神奇的四葉幸運草，那帶來無窮無盡好運的幸運草。

幸運守則第6條

有時看似天時地利，
但幸運卻遲遲不來。
唯有從小細節著手，
看似無關緊要之處，
才是眞正關鍵因素！

Sixth Rule of Good Luck

Sometimes, even under the seemingly
right conditions,
Good Luck doesn't arrive.
Look for the
seemingly unnecessary but indispensable
conditions in the small details.

6 黑白武士叢林裡首次碰面

最後一夜，諾特正尋尋覓覓一個可以睡覺的地方，走著走著，他的黑馬正踩過一片剛犁過的土地，不但以充足水分灌溉過，而且一粒雜石都沒有。抬頭一看，樹梢一片清朗。再往樹林裡一看，他瞥見席德正躺在地上，白馬則拴在樹幹上。

「席德！」

席德一聽，馬上起身。這時候，他還沒睡著呢！

「諾特！是你啊！」

「你還好吧！找到幸運草了嗎？」諾特問席德。

「沒有。不過，我也花了三天的時間去找呢！第一天，土地神告訴我，整個樹林裡都不會有幸運草的，於是，我決定不找了……」

「既然這樣，」諾特問道，「那你還在這裡搞什麼鬼？爲什麼不回城堡去？」

席德開口回話前，諾特已經察覺到他一身髒兮兮的，衣服上沾抹了不少樹幹上才有的苔蘚，腳上的靴子同樣也是沾滿了泥巴，從他那副德性看來，衣服上這些汙漬，顯然是過去四天在歡樂叢林生活的成果。

「我說……你到底發生了什麼事？」

「自從土地神告訴我歡樂叢林不可能長出幸運草之後，我就努力開墾這片土地。你看！我這兒不但有清澈的灌溉水，而且土地還相當肥沃呢！你跟我來！這是我一路犁溝，從湖泊仙女那兒接出來的溪流。喔，還有、還有……」席德說個不停，好不容易可以把自己「創造」的成果展示給別人看，他感到既興奮又感動。「這些石頭和枯枝，都是我這兩天清理掉的，我不曉得你知不知道這些石頭……」

諾特打斷了他的話。

「我說，你是不是瘋了？你幹嘛要費那麼大一番功夫去開墾這麼一塊地……而且還這麼一小塊？你壓根兒連神奇幸運草會長在哪裡都不知道耶！你難道不知道，這片叢林的面積比你這一小塊地還要大上幾百萬倍？我說，你這蠢蛋，除非有人明白告訴你確切的地點，不然你這樣沒頭沒腦地亂墾地，你不覺得自己很無聊嗎？我看你是頭殼壞掉了！咱們皇宮見啦！我要去找個今晚可以歇息的地方了。」

諾特的身影漸漸消失在樹叢中。席德望著遠方，心裡還納悶著，諾特爲什麼對他說那些話。他暗想著：「梅爾林說我們可以去找神奇幸運草，但並沒有說我們不可以做些什麼呀！」

幸運守則第7條

對於只相信運氣的人而言，
創造環境簡直是無稽之談。
對於致力創造環境者來說，
運氣好壞，他們毫不在乎。

Seventh Rule of Good Luck

To those who
only believe in chance,
creating conditions seem absurd.
Those who create conditions
are not worried about
chance.

7 巫婆與貓頭鷹找上了諾特

最後一個晚上，本來可以平靜度過的，然而，有人卻用盡伎倆想擾亂兩位武士好眠……

諾特已經就寢，內心卻迫不及待地希望黎明到來，然後他就可以上路返回城堡去了。突然，一陣奇怪的聲響吵醒了他，於是，他很機警地立刻起身，拔出了寶劍。

「嗚……嗚……」巫婆魔迦納的貓頭鷹不停地叫著。黑武士為了在寒夜中取暖而生了火，在顫顫巍巍的微光中，隱約可見她就站在那兒。

「你是誰？你想幹什麼？你不要輕舉妄動啊！我的寶劍可是銳利得很！」

「快把你的寶劍收起來吧！我是來跟你談一筆買賣的，諾特，騎著黑馬的黑衣武士。」

「一筆買賣？什麼樣的買賣？我一向不跟巫婆打交道的，尤其是妳，魔迦納，妳已經臭名遠播啦！」

「你確定不要嗎？那是關於……神奇的四葉幸運草的買賣喲！」魔迦納巫婆一臉狡猾地說，同時露出她那排黑不溜丟的牙齒，舉起那雙蓄著長長指甲的乾癟老手，皺起臉上尖尖的鷹鉤鼻，刻意擠出一臉和善的笑容。諾特武士收起寶劍，然後走近她。

「我們聊聊吧！妳知道些什麼？」

「我知道哪裡會長出神奇的四葉幸運草。」

「眞的？快點，快告訴我！」諾特迫不及待地要求她。

「你如果能夠答應實現你那部分的承諾的話，我就告訴你。」

「我？你要我做什麼？」諾特聽了立刻反問道。

「我要你遇見梅爾林時，用你的寶劍，親手把他殺了！」

「什麼？爲什麼要我殺梅爾林呀？」

「因爲，他欺騙了你。他知道哪裡會長出神奇幸運草，我也知道。我們的協議很簡單：我告訴你哪裡可以找到神奇的四葉幸運草，你去把梅爾林殺了，就這樣。你會得到無窮無盡的幸運，我的巫術無法施展的問題也會獲得解決。只要終結梅爾林的生命，你就可以拿到神奇幸運草，而我也能因此除去頑強的對手。」

諾特大夢初醒，挫敗的念頭在腦海縈繞著，他多麼想藉此復仇，多麼希望他就是找到神奇幸運草的人，於是，他決定接受這項協議。這其實不足爲奇，當一個人已經失去了創造幸運的信念時，只要有人號稱可以提供幸運，他自然會毫不猶豫地把它買來。因此，心存僥倖等待好運的人，總以爲可以不費吹灰之力就能輕易到手。諾特的想法正是如此。

「我答應妳。快告訴我哪裡會長出神奇幸運草。」

「別忘了你的承諾呀！神奇幸運草明天就會長出來了，而且就在皇宮內的花園裡！絕對不會是在這個樹林裡。」

「什麼？」諾特大聲驚呼，簡直無法相信自己剛剛聽見的話。

「那當然囉！難道你沒發現嗎？梅爾林爲了自己的陰謀，欺騙了所有的武士：他故意出了一個到歡樂叢林尋找幸運草的任務，可惜幾乎全部的武士都拒絕到這裡來浪費時間，除了你們兩個之外。梅爾林原本以爲來的人會更多的。但不管怎麼樣，他總是達到了分散大家注意力的目的了。這麼一來，便沒有人會期待在皇宮裡找到神奇幸運草。明天一到，他就等在那兒拔幸運草就行了。你得加緊腳步才行。你花了兩天才到這裡，現在，你只需要一個晚上就能回到皇宮了。趕快坐上馬鞍，鞭策你那勇猛的駿馬，一路飛奔回去吧！」

「看來，所有的人以及歡樂叢林的每個居民，都當我是傻瓜一樣地耍我，害我在這裡浪費寶貴光陰，苦苦尋覓在這裡永遠也長不出來的神奇幸運草。這一切，全是一場騙局！」諾特心裡這麼想著。

於是，他毫不遲疑地坐上馬鞍，氣沖沖地騎著馬奔馳在叢林間，加速往城堡而去。

幸運守則第8條

沒有人能夠販售運氣。
因爲幸運乃非賣品。

切勿輕信那些買賣運氣的人。

Eighth Rule of Good Luck

Nobody can sell Good Luck.
Good Luck cannot be sold.

Do not trust those who sell luck.

8 巫婆與貓頭鷹找上了席德

巫婆發出一陣嘈雜的奸笑之後，接著便朝北方而去。她知道席德在哪裡過夜。席德原本睡得很安穩。此時，卻被貓頭鷹那三聲嘯叫給吵醒了。

「嗚嗚……嗚嗚……嗚嗚……」

「是誰？」席德問道，同時忙不迭地站起來，緊緊握著劍柄，隨時準備拔劍出鞘。

「別害怕。我是巫婆魔迦納。」席德依然站在那兒不動。

「妳找我有什麼事?」

這個老巫婆，壓根兒就不安好心。她心裡盤算著兩件事：一方面唆使諾特去殺梅爾林，另一方面則要說服席德放棄他那塊地。如此一來，隔天只要一長出神奇幸運草，她就可以坐享其成了。魔迦納編了另一套謊言誘騙席德。

「神奇幸運草明天就會長出來囉!可是，梅爾林欺騙了你。那根本就不是什麼神奇的四葉幸運草。那是會帶來不幸的酢漿草啊!是我下的咒語：『誰要是拔了它，三天內必死無疑。』然而，若是沒有人去拔它，那麼，梅爾林明天晚上就會死去。因此，他欺騙了你，也欺騙了另一位武士。原因無他，他要你們兩人其中一個代他償命。梅爾林若要活命，就必須在明天天黑前拔起幸運草。快回城堡去吧!諾特已經在路上了。」

老巫婆實在很奸詐：她讓席德陷入了一個進退兩難的困境。萬一明天眞的找到了神奇幸運草，他也不知道該怎麼辦才好。拔了它嘛，死的就是他自己。但是，如果梅爾林的說法才是眞的呢？萬一它眞的就是神奇幸運草呢？

最好的辦法，簡單得很，就像諾特的作法一樣：離開叢林，省得面對這道難題。他思索了幾秒鐘，然後對魔迦納說道：

「好吧！我今天晚上就出發……」

老巫婆笑了，神情得意得很，豈知，席德話還沒說完呢！

「……不過，我會直接去找梅爾林。我會要求他親手去拔神奇幸運草。妳剛剛告訴我的魔咒是，萬一有人拔了它，三天內必死無疑，可是如果是梅爾林去拔它的話，他就不會死啦！這樣，魔咒就解除了，不該拔它的人，不去碰它就不會死，本來即將死去的人，正好可以親手去拔它。如此一來，梅爾林就可以保住性命，然後把幸運草交給我。」

席德比魔迦納巫婆想像中聰明多了，這下她再也笑不出來。她發現席德並沒有掉入她設下的陷阱，氣得和她肩上的貓頭鷹馬上掉頭，騎著掃帚揚長而去，那副德性，簡直就像喪家之犬，夾著尾巴落荒而逃，嘴裡還不停地咕噥發牢騷。

席德把整件事前前後後想了一遍。他知道梅爾林是不會騙人的。諾特怎麼會去相信這樣一個老巫婆的說法呢？他難道不曉得，身爲一個優秀的武士，最重要的原則就是不該對自己堅守的任務失去信念嗎？

他已經看過太多武士在幸運遲遲未降臨時，失望、消沉，甚至放棄希望。他從中學習到最重要的教訓是：堅持信念，不管它在別人眼裡是對是錯。

入睡前，他還想到另一件很重要的事：不能人云亦云，搖擺不定，換言之，老巫婆愛怎麼亂說，那是她家的事。一個人只要堅守崗位，堅持任務，相信自己所做的事，並且全心投入，那麼，「幸運」終究會到來。

最後，他想起了前輩經常對他耳提面命的訓示：如果有人提供你快速致富的方法時，絕對不能相信他。萬萬不可輕信向你兜售運氣的人。

幸運守則第9條

當所有的條件與環境皆已俱備，
耐性等待，絕不輕言放棄。

靜待幸運來敲門，
並且務必堅守這個信念。

Ninth Rule of Good Luck

After creating all the conditions,
be patient, don't quit.

For Good Luck to arrive,
have faith.

9 風神，宿命與運氣之主宰

隔天早上，席德醒來時，內心有點忐忑不安。他走近那塊已經準備妥當的土地，靜靜等候著。幾個小時過去了，什麼事也沒發生。

這一天已經去了大半，依然毫無動靜。席德心想：

「好吧！無論如何，至少這幾天在歡樂叢林的日子過得很充實。我已經盡全力依據必要的條件開創了適當的環境，這樣就夠了。」

選對那提供無窮無盡好運的神奇四葉幸運草會長出來的正確位置，確實不容易。

但是，突然間，意想不到的事情發生了。

風神，宿命與運氣的主宰之神，也就是散布好運者，他突然開始呼呼地吹起樹葉來了。接著，漫天的細小種子如細雨般地飄落，一粒粒都是綠金色的微細種子。原來，這就是四葉幸運草的種子啊！每一粒都是……每一粒都能長出幸運能量驚人的幸運草！而且還不只一粒……從空中灑下的四葉幸運草種子，數都數不清哪！

眼前這幕景象，確實是前所未見的奇觀，種子不僅落在席德挑中的土地上，而且整片歡樂叢林都是，絕對是落在整片叢林的每一個角落！

何止是歡樂叢林而已，甚至整個王國都有：四葉幸運草的種子，落在那些不願接受梅爾林的挑戰的武士們頭上；落在所有歡樂叢林居民的頭上，土地神、詩果雅、湖泊仙女、石頭娘娘；它也落在諾特和魔迦納的頭上。四葉幸運草的種子從天而降……灑在每一個角落！

然而，歡樂叢林以及整個王國的居民們，卻完全沒注意到這些種子。他們只知道，每年到了這個時候，總會下起一陣綠金色的種子雨，而且淨是些「毫無用處」的種子。因此，每年此時，掉得到處都是的種子總是惹人嫌，還說這場種子雨實在很討厭……

才不過幾分鐘的光景，四葉幸運草的種子雨就停了。綠金色的微小種子遍布在土地上，就像小雨滴落在大西洋上那樣，灑遍整個王國的所有角落。偏偏卻都像是落在沙漠中，毫無生機。

就這樣，種子錯失了萌芽的好機會。數以百萬的種子，在這片廣大樹林裡貧瘠、堅硬且布滿亂石的土地上，慢慢死去。

幾乎全部都是這樣的下場，只有那些落在這一小塊濕潤沃土上的種子除外。在這裡，陽光燦爛，陰影充足，還有源源不斷的溪流，而且地上連一粒石頭都沒有。

只有這些種子，將在不久之後發芽，長出四葉幸運草，數不盡的神奇幸運草新芽，數目之多，足夠一整年之用……直到明年再飄起種子雨的時候。換句話說：好運將源源不絕。席德心醉神迷地看著自己一手打造的幸運奇蹟，他既感動又激動，忍不住跪倒在地，熱淚盈眶，心中盡是感激之情。

當席德發現風勢似乎正漸漸平息時，想到自己尚未跟風神道別，也還沒好好謝謝他降下種子雨的恩德，於是，他急忙望著天空，懇求他：

「風神啊！宿命與運氣之主宰，你在哪裡？我想跟你道謝呀！」

風神回答他：

「你不需要向我道謝。每年到了這個時候，我都會將四葉幸運草的種子遍灑在歡樂叢林以及整個王國的每個角落。我是宿命與運氣的主宰，不管到哪裡，必定散播幸運的種子，這是永遠不變的原則。我並不是如大家所想的，是個分送幸運的神，我只是負責將種子平均散布在各個角落，如此而已。神奇幸運草從你的土地上萌芽，純粹是因為你創造了適合它生長的環境。任何一個人都可以用同樣的方式創造幸運。我帶來的幸運始終都在那兒，問題在於，幾乎所有的人都以爲幸運可以不勞而獲。」

風神繼續說道：

「所以啦！不管你選中的是哪一塊地，結果都是一樣的。重要的是，你全心投入做了萬全的準備。幸運，是機會與努力的結合。至於機會嘛……始終都是存在的！」

的確是這樣。

只有席德腳下這塊土地，長出了四葉幸運草，也就是神奇幸運草，而他正是整個王國中，唯一創造了適合它生長條件的人。

因爲他的想法和大部分人剛好相反，他認爲幸運並非少數人可以不勞而獲的專利。

幸運應該是可以與衆人分享的好東西，只要我們肯付出努力。

其實人人擁有的機會都一樣，四葉幸運草的種子遍布四方，只有創造適合它生長的環境，珍貴的種子才不會白白地浪費掉。

就在風神逐漸遠離之際，席德也正打算離開歡樂叢林，因爲他趕著要回城堡去見梅爾林……

幸運守則第10條

創造幸運即是
將適當的環境準備妥當。

機會並非運氣好壞的關鍵，
因爲機會始終存在！

因此
創造幸運
唯一的要訣在於……
創造環境！

Tenth Rule of Good Luck

Creating Good Luck consists in
preparing conditions for opportunity.

But opportunity has
nothing to do with luck or chance:
it is always there.

Creating Good Luck consists
only in...
creating the conditions.

10 返回皇宮與梅爾林會面

第七天晚上，諾特整夜騎著馬飛奔趕路。抵達城堡時，他那匹黑色駿馬，因爲長時間遭馬鞭抽打，加上靴刺不斷撞擊，背脊和肋骨早已傷痕累累，滿是血跡。諾特心裡實在很著急，他得及時趕回皇宮花園拔取剛萌發新芽的神奇幸運草才行。回到城堡後不久，那匹可憐的黑馬就這樣累死了。

諾特走進城堡大門，在每一個廳堂中來回穿梭，腳步匆忙急切，一路莽撞。他手握寶劍，怒目逼人。

「梅爾林！梅爾林！你在哪裡？不要再躲了，我一定會找到你的！」

諾特決定逕往花木扶疏的城堡花園，他知道，在那裡一定可以找到梅爾林。

他一推開門，往外一看，果然瞧見梅爾林就在花園中央。他站在那兒，冷靜地拄著他那長長的權杖，神情相當嚴肅。可是，這花園怎麼變了樣啦？現在全都鋪上了石板！過去七天裡，城堡裡的土木師傅們，全部都在這裡忙著鋪地……

諾特看了傻眼，一失神，寶劍從手上掉了下來。

「這是怎麼回事？你為什麼把好好的花園都鋪上了石板？」他質問梅爾林。

「因為我如果不這麼做，你一定會把我給殺了。我再怎麼解釋，你也聽不進去的。這是唯一能讓你相信這裡沒有幸運草的方法，騙你的是老巫婆。我，梅爾林，既然身為巫師，當然是無所不知。我早就知道老巫婆會向你兜售幸運：買賣幸運，這是不可能的事啊！我也知道，你會氣沖沖地到這裡來殺我，除非讓你親眼看見這座花園眞的沒有神奇幸運草。我必須及早阻止你做傻事才行，免得還要費盡氣力跟你纏鬥廝殺。」

諾特這時總算悔悟，自己已經鑄成了大錯。他選擇了捷徑，卻始終覺得自己有資格獲得幸運。此時此刻，在這城堡花園內，站在梅爾林身旁，他終於知道自己的所作所爲實在是大錯特錯。梅爾林不厭其煩地繼續解釋道：

「現在你總算明白啦！神奇幸運草根本就不在這裡。正如我之前所宣布的，幾個小時前，幸運草已經在歡樂叢林萌芽了。神奇幸運草數目多得不得了，你本來也能分到一大把的。可惜你自暴自棄，對自己缺乏信心。從這件事情就可以看出，你太過於短視近利，做事缺乏熱情，不夠投入，也不夠慷慨，對人對事的信任不足，正因爲如此，你錯失了自己夢寐以求的神奇四葉幸運草。」

諾特落寞地轉了個身，手無寶劍，旁無駿馬，一個人孤伶伶地走回他的城堡，從此過著暗無天日的孤獨歲月。

隔天，席德回到了城裡。第一件事，就是趕緊到皇宮裡，把他找到的神奇幸運草交給梅爾林，那傳說中能夠賦予武士無窮無盡好運的幸運草。他要當面好好感謝他。

「梅爾林！梅爾林！你看！」他向他展示一大把神奇的四葉幸運草。「你瞧，這不只是一株神奇幸運草而已耶，根本就是要多少有多少呢！」

「當然囉！席德，一個人只要努力創造環境，幸運草其實是可以生生不息的。因此，幸運草提供的好運也就源源不絕了。」

「不管怎麼樣，我一定要好好謝謝你才行，梅爾林，我欠你這份恩情。」

「千萬不要這麼說！」梅爾林答道。「我什麼忙也沒幫上，完全沒有

呀！是你自己決定要去歡樂叢林的；是你自己排除衆議接受了挑戰；是你自己開墾了一片沃土，雖然大家都說那片樹林從來沒長出半株幸運草過；是你自己決定要和湖泊仙女分享幸運；是你自己決定要堅守原則，絕不把修剪枝葉這件事拖延到隔天才做；是你自己領悟到，表面上無關緊要的小事，實際上卻可能是舉足輕重的關鍵角色，因此你才會在似乎各種條件已經具備的情況下，還能想到清理亂石的重要性；是你自己決定先做了再說。你相信自己所投入的任務，即使在他人意圖向你兜售幸運時也不爲所動。」

梅爾林又補充道：

「不過，席德，最重要的是，你自始至終都不相信可以僥倖找到幸運草，寧可親手創造適合的環境，讓幸運草自己找上你。」

最後，他下了這樣的結語：

「你是決定自己獲得幸運的關鍵角色。」

幸運的新義

既然創造幸運就是創造環境……
那麼，幸運是否降臨完全取決於你。

從明天起，你也可以創造
屬於你自己的好運！

The New Origin of Good Luck

Since creating Good Luck
involves creating conditions...
Good Luck depends only on *you*.

Starting tomorrow,
You can also create Good Luck.

臨別時，席德滿懷感激地緊緊擁抱了梅爾林。然後，便騎著白馬，踏上探險之旅。他奉獻了自己的餘生，天天向遇見的武士或路人，甚至小孩，傳授獲取幸運的守則。

現在，他既然已經知道了創造幸運的方法，就不能一個人獨享，因爲，幸運本來就應該與衆人分享的。

席德的想法是，如果，他一個人在七天之內就能創造無窮無盡的幸運，那麼，假如放眼整個王國，每個人都學會爲自己的生命創造幸運的話，那會是何等驚人的景象啊！

第三章

重逢

聽完故事之後，大衛也把鞋子脫了，光溜溜的腳丫子踩在長椅下新鮮的草皮上，兩個老朋友就這樣並肩而坐。

兩人都默不作聲，似乎正在思索剛剛聽完的故事。就這樣，幾分鐘過去了。兩人陷入了沉思。一顆斗大的淚珠，順著大衛的臉頰滑了下來。這時，維克多打破了沉默：

「你心裡在想什麼，我都知道，可是，你還是沒聽懂我真正的用意……」

「怎麼說？」大衛問道。

「我想，你八成只把它當成一則故事或神話吧……這該怎麼說呢……我並不是說故事給你聽而已……我其實是希望藉由這個故事讓你獲取幸運啊！」

「事實上，我現在思考的正是這件事。維克多，我在想，還好我聽了這則故事，更幸運的是，我還和久別多年的童年好友重逢了，真巧！都已經過了五十年了啊，總算有幸聽到了這則故事。」

這次與大衛偶然重逢，維克多想了想：還眞是有夠湊巧的！這次重逢，充其量只是運氣，但還算不上「幸運」。他心想，大衛只是「碰巧」聽到這則幸運草的故事。眞是諷刺啊！他這麼暗想著。他告訴大衛：

「的確，你能夠聽到幸運草的故事，眞的是挺湊巧的。」

「你這樣覺得？」大衛驚訝地說道。「可是我的想法卻恰巧相反呢！」

「相反？」維克多茫茫然，實在不懂大衛所指的是什麼。

「沒錯，恰恰相反。爲了掌握『幸運』，是我自己創造了這個與你相遇的機會。」

「你自己？」

「是的，維克多。你和我之所以相遇，絕對不是湊巧。過去四年，我經歷人生最低潮的時期，我僅存的一絲希望，就是碰見我此生唯一的朋友，你。過去這幾年，我無時無刻不在人群中尋找你的面容，每個與我擦身而過

的人，我都會多看兩眼，在紅綠燈路口，在露天咖啡座上，在這個城市的每一個角落、每一張臉，我都仔細看過，多麼希望趕快找到你。你是我從過去到現在唯一的朋友。我曾經一次又一次地想像與你重逢的景象，就像席德夢想著他的幸運草正在萌芽一樣。有時候，我甚至可以感受到兩人緊緊互擁，不到一小時前，果然成眞了……我始終沒放棄與你重逢的希望。」

他又說道：

「我之所以會碰到你，是因爲我很想碰到你！能夠聽到幸運草的故事，也是因爲我始終都在尋尋覓覓這個深具啓發性的故事，只是我以前不知道而已。」

維克多顯然已經感動莫名，他對大衛說道：

「所以，事實上你覺得這個寓言的啓示，確實很有道理囉？」

「那當然。」大衛一聽，馬上接話。「我認爲這個寓言所講的都是千眞萬確的道理。我只有一句話：我們的重逢讓我覺得，我也可以是席德。就在今天，我為自己創造了幸運。我也可以創造幸運的，你發現了嗎？」

「當然！」維克多興奮地說道。

「我可以在你這則寓言之後加上一條守則嗎？」大衛詢問身旁的老友。

「那有什麼問題！」維克多說道。

於是，大衛增加了這一條：

幸運草的寓言故事……
絕對不是偶然間才讓你聽到的。

The Good Luck Story...

...never comes to you

by chance.

維克多聽了，發出會心一笑。不需要再多說什麼了。好朋友之間，心靈相通，常常無須言語贅述。兩個老友再次相擁。維克多先告辭了，大衛卻繼續坐在長椅上，光著腳丫子，踩著這片偌大公園的鮮綠草坪。

大衛突然覺得腳踝好癢。他站起來，看都沒看就拔起那輕輕刮過他皮膚的細草。這株小植物，引起了他的注意。

那是一株四葉幸運草啊！

大衛下定決心，他要以六十四歲之齡，開始創造屬於他自己的「幸運」！

那你呢？你還在等什麼？

第四章
智者的幸運論

百分之九十的成功例子，純粹只是因為堅持。

——美國資深演員　伍迪艾倫（Woody Allen）

情勢？情勢算什麼？情勢由我主宰！

——法國英雄　拿破崙（Napoleon Bonaparte）

成功者皆是起而行的行動派，他會尋找有利的情勢，如果找不到，那就創造它。

——英國戲劇大師　蕭伯納（George Bernard Shaw）

許多人以為，擁有過人天賦何其幸運，卻僅有為數極少的人想過，幸運與否，完全要靠天賦去掌握。

——西班牙戲劇暨評論家　貝納溫德（Jacinto Benavente）

幸運只眷顧已經準備好的人。

——俄羅斯科幻小說家　艾西莫（Isaac Asimov）

幸運幫助勇者。

——古羅馬田園詩人　維西里歐（Virgilio）

運氣，成了失敗者藉口。

——智利詩人　聶魯達（Pablo Neruda）

幸運的果實，只有成熟時才會落地。

——德國戲劇家、詩人及學者　席勒（Friedrich von Schiller）

運氣這玩意兒，我深信不疑，而且我還發現，我越努力，運氣越好。

——英國作家暨經濟學家　李考克（Stephen Leacock）

我越是勤奮練習，好運就越多。

——南非高爾夫名將　普雷爾（Gary Player）

幸運之門確實存在，但鑰匙在你手上。

——日本諺語

幸運不需外求，只要靠我們自己的努力和意志力就能成就它。

——德國詩人、小說家及戲劇評論家　葛羅斯（Julius Grosse）

要有幸運，先要有膽量。

——義大利電影作曲家　恩尼歐（Ennio）

邁向幸運之路的各種方法當中，最可靠的便是堅持和努力。

——法國作家、經濟學家及政治家　瑞柏（Marie R. Reybaud）

幸運，只幫助有膽識的人。

——古羅馬戲劇家　德倫希歐（Publio Terencio）

屈服，等於是慢性自殺。

——法國大文學家　巴爾札克（Publio Terencio）

靈感是否湧現，絕非操之在我。我唯一能做的，就是專注於工作，全力以赴。

——西班牙印象派大師　畢卡索（Pablo Picasso）

天才的幸運是一分靈感，加上九十九分的努力。

——美國發明大王　愛迪生（Thomas Edison）

成功經營龐大事業的祕訣，就是要悟出人所不知的道理。

——希臘船王　歐納西斯（Aristoteles Onassis）

你這一生的運途發展，關鍵全在於你自己。

——奧地利賽車選手暨航空大亨　勞達（Niki Lauda）

幸運不過就是養成把握有利情勢的習慣而已。

——美國勵志作家　馬登（Orison Sweet Marden）

無意等待好運降臨的人，才是命運的主人。

——英國詩人暨評論家　阿諾（Mathew Arnold）

智者創造的機會，比他碰到的多得多。

——英國文學、哲學及科學大師　培根（Francis Bacon）

樂觀者視不幸為機會；悲觀者卻錯把機會當不幸。

——英國首相　邱吉爾（Winston S. Churchill）

「那麼，你想什麼時候實現願望呢？」大師問他門下的弟子。「當我有機會實現它的時候。」弟子答道。於是大師對弟子說了：「機會永遠不會到來。機會早就已經在這裡了。」

——印度牧師　梅洛（Anthony de Mello）

上帝從來不和這個世界玩擲骰子的賭局。

——天才科學家　愛因斯坦（Albert Einstein）

第五章

幸運守則、結論與新義

幸運守則第1條

運氣不會持續太久，

因爲它並不屬於你。

幸運由個人所創造，

因此能歷久而不衰。

First Rule of Good Luck

Luck doesn't last long,

because it does not depend on you.

Good Luck is created by each of us:

that's why it lasts forever.

幸運守則第2條

眾人皆期盼能擁有幸運，
但下定決心努力追求的人
卻寥寥可數。

Second Rule of Good Luck

Many are those
who want Good Luck,
but a few are those
willing to pursue it.

幸運守則第3條

如果你時運不濟，
或許是因為環境一成不變的緣故。
若想要幸運臨門，
最有效的辦法便是創造新環境。

Third Rule of Good Luck

If you have no Good Luck now,
it might be because you're
under the usual conditions.
To have Good Luck,
You must create
new conditions.

幸運守則第4條

準備適合幸運降臨的環境，
不能只顧一己的私利。
創造環境，與他人共享共贏
才能帶來幸運。

Forth Rule of Good Luck

Finding new conditions for Good Luck
does not mean looking
for our own benefit only.
Creating conditions,
helping others,
makes Good Luck more likely to appear.

幸運守則第5條

若將「準備工作」留到明天，

則幸運永遠不會到來。

創造環境所跨出的第一步

── 就在今天！

Fifth Rule of Good Luck

If you postpone

the creation of new conditions,

Good Luck never arrives.

Creating new conditions

is sometimes hard work, but...

do it today!

幸運守則第6條

有時看似天時地利，
但幸運卻遲遲不來。
唯有從小細節著手，
看似無關緊要之處，
才是真正關鍵因素！

Sixth Rule of Good Luck

Sometimes, even under the seemingly
right conditions,
Good Luck doesn't arrive.
Look for the
seemingly unnecessary but indispensable
conditions in the small details.

幸運守則第7條

對於只相信運氣的人而言，
創造環境簡直是無稽之談。
對於致力創造環境者來說，
運氣好壞，他們毫不在乎。

Seventh Rule of Good Luck

To those who
only believe in chance,
creating conditions seem absurd.
Those who create conditions
are not worried about
chance.

幸運守則第8條

沒有人能夠販售運氣。

因爲幸運乃非賣品。

切勿輕信那些買賣運氣的人。

Eighth Rule of Good Luck

Nobody can sell Good Luck.

Good Luck cannot be sold.

Do not trust those who sell luck.

幸運守則第9條

當所有的條件與環境皆已俱備，
耐性等待，絕不輕言放棄。
靜待幸運來敲門，
並且務必堅守這個信念。

Ninth Rule of Good Luck

After creating all the conditions,
be patient, don't quit.
For Good Luck to arrive,
have faith.

幸運守則第10條

創造幸運即是將適當的環境準備妥當。
機會並非運氣好壞的關鍵，
因爲機會始終存在！

Tenth Rule of Good Luck

Creating Good Luck consists in
preparing conditions for opportunity.
But opportunity has
nothing to do with luck or chance:
it is always there.

結論

創造幸運

唯一的要訣在於……創造環境！

Moral of the Story

Creating Good Luck consists

only in...

creating the conditions.

幸運的新義

既然創造幸運就是創造環境……
那麼，幸運是否降臨完全取決於你。
從明天起，你也可以創造屬於你自己的好運！
而且，千萬要記得……幸運草的寓言故事
絕對不是偶然間才讓你聽到的。

The New Origin of Good Luck

Since creating Good Luck involves creating conditions...
Good Luck depends only on *you*.
Starting tomorrow,
You can also create Good Luck.
The Good Luck Story...
...never comes to you
by chance.

後記

這本書在八個小時內一氣呵成。
然而，我們卻花了超過三年的時間
去驗證「幸運」的所有守則。
有些人，或許只記得第一條，
另外還有些人，或許只記得第二條。
記得第一條的人會想：
我們眞幸運！
至於另外那些人則想：
眞好！我們學會了
如何努力創造「幸運」。

Eurasian Publishing Group 圓神出版事業機構
用心與你對話．網野無限寬廣
圓神出版社 Eurasian Press

www.booklife.com.tw reader@mail.eurasian.com.tw

勵志書系 136

Good Luck 當幸運來敲門【全新插圖．30萬冊暢銷典藏版】

作　　者／亞歷士．羅維拉、費南多．德里亞斯迪貝斯
譯　　者／范湲
插　　畫／戴安
發 行 人／簡志忠
出 版 者／圓神出版社有限公司
地　　址／台北市南京東路四段50號6樓之1
電　　話／（02）2579-6600．2579-8800．2570-3939
傳　　真／（02）2579-0338．2577-3220．2570-3636
總 編 輯／陳秋月
主　　編／吳靜怡
責任編輯／賴逸娟
校　　對／賴逸娟．鍾宜君
美術編輯／金益健
行銷企畫／陳姵蒨．曾宜婷
印務統籌／劉鳳剛．高榮祥
監　　印／高榮祥
排　　版／陳采淇
總 經 銷／叩應股份有限公司
郵撥帳號／18707239
法律顧問／圓神出版事業機構法律顧問　蕭雄淋律師
印　　刷／祥峰印刷廠

2017年6月　增訂初版
2024年4月　7刷

定價 280 元　ISBN 978-986-133-618-3

或許，有些事情表面上看來無關緊要，
但實際上卻是不可或缺的關鍵呢！

——《GOOD LUCK——當幸運來敲門》

國家圖書館出版品預行編目資料

Good Luck：當幸運來敲門【全新插圖，30萬冊暢銷典藏版】／亞歷士．羅維拉（Álex Rovira Celma），費南多．德里亞斯迪貝斯（Fernando Trías de Bes Mingot）作；范湲 譯. -- 增訂初版. -- 臺北市：圓神，2017.06
176面；14.8×20.8 公分. --（勵志書系；136）
譯自：La buena suerte
ISBN 978-986-133-618-3（平裝）
1.成功法
177.2　　106006320